LA CONQUÊTE DU DAHOMEY
Illustrations
de
L. MOULIGNIE

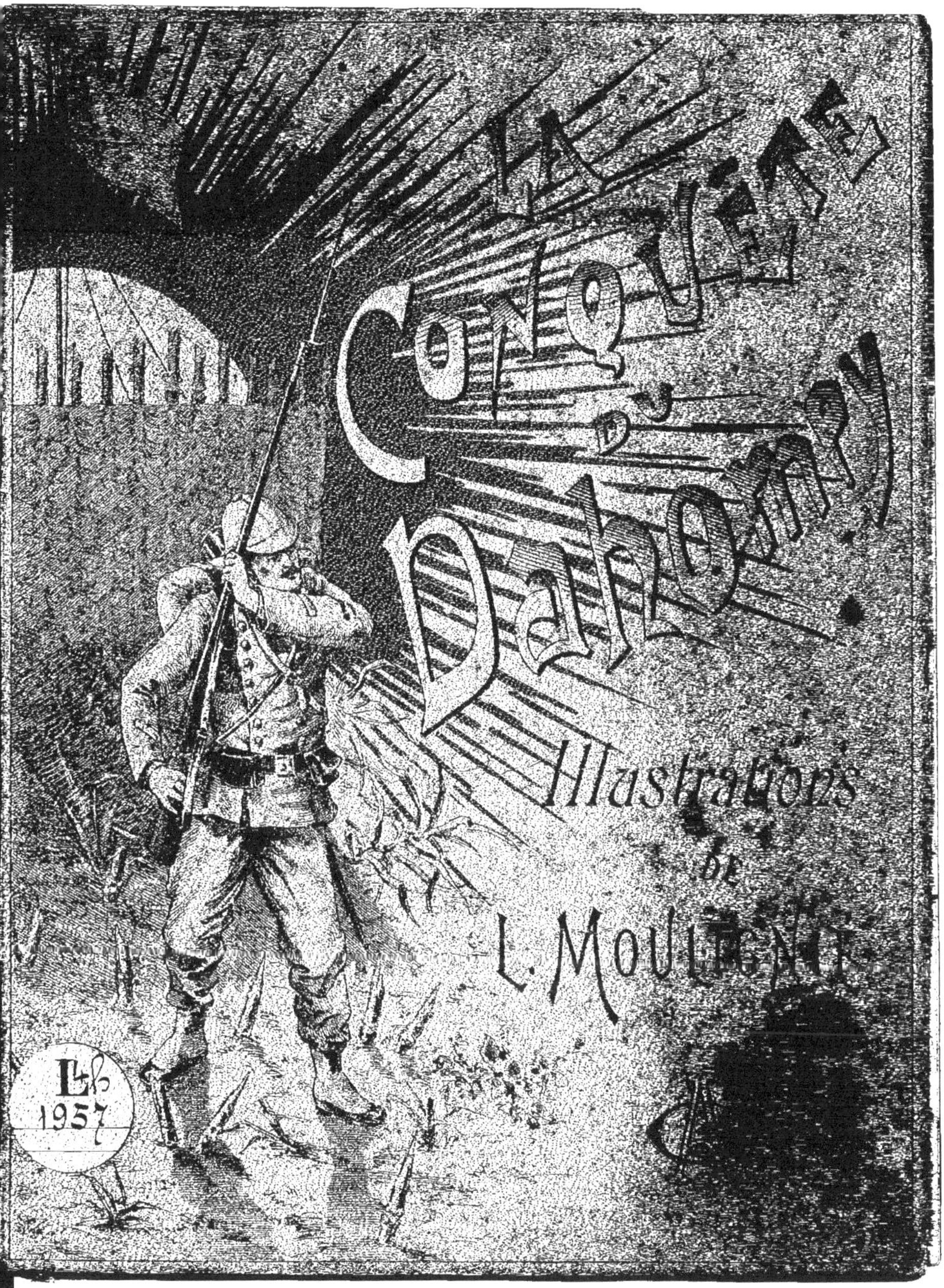

Paul Auguste GODCHAUX & Cie

IMPRIMEURS ÉDITEURS

10, Rue de la Douane.

PARIS

CAMPAGNE
DU DAHOMEY
BEHANZIN
VILLAGE LACUSTRE
KOTONOU. DEBARQUEMENT DE TIRAILLEURS
Michelet sc.

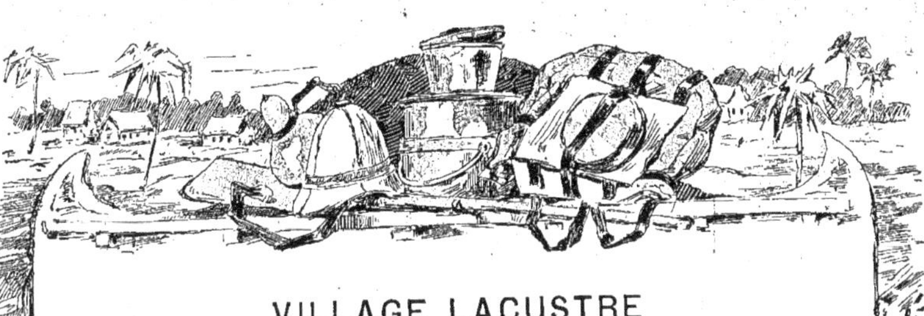

VILLAGE LACUSTRE

Près de Porto-Novo, sur le lac Denham qu'on est obligé de traverser pour arriver à cette ville, se trouvent des villages entiers construits sur pilotis et qui ressemblent singulièrement aux villages Lacustres bâtis par nos ancêtres des premiers âges pour se protéger contre leurs ennemis, bêtes féroces ou hommes.

BÉHANZIN

Behanzin succéda à son père Glé-Glé. Celui-ci déjà avait eu quelques démêlés avec la France.

Plus orgueilleux et plus sanguinaire encore, Behanzin ne voulut écouter aucun conseil, et les sacrifices humains continuèrent, surtout aux époques des *Grandes Coutumes*, à déshonorer son royaume.

Non content de poursuivre ces massacres, il envoyait à M. Ballot, lieutenant-gouverneur de nos possessions du Benin, une lettre insolente. De plus, ce petit potentat, au lendemain de la signature d'un traité, se jouait des représentants officiels de notre pays en les recevant à Abomey, sa capitale, de manière à faire croire à son peuple que c'était à lui que la France rendait un hommage de vassalité.

Enfin et surtout, il violait les stipulations du traité du 30 octobre 1890, et faisait occuper par ses troupes des territoires acquis à la France.

Le Gouvernement de la République, ne pouvant laisser attenter ainsi aux droits des Français, dut se résoudre à agir énergiquement et à rappeler Behanzin au respect des traités.

DÉBARQUEMENT DES TIRAILLEURS SÉNÉGALAIS

Le warf de Kotonou, destiné à permettre un accès facile aux embarcations des grands navires de guerre ou de commerce, n'était pas encore terminé au début de la campagne.

On dut, pour débarquer les tirailleurs sénégalais envoyés au Dahomey, utiliser les baleinières de barre conduites par des nègres.

Malgré leur habileté et leur longue habitude, ces bateliers indigènes virent plus d'une fois, durant la traversée périlleuse de la barre, leurs embarcations chavirer et ceux qui les montaient devenir trop souvent la proie des requins si nombreux dans ces parages.

Ce fut là une des premières difficultés de l'expédition, qui devait en rencontrer bien d'autres !

CAMPAGNE
DU
DAHOMEY

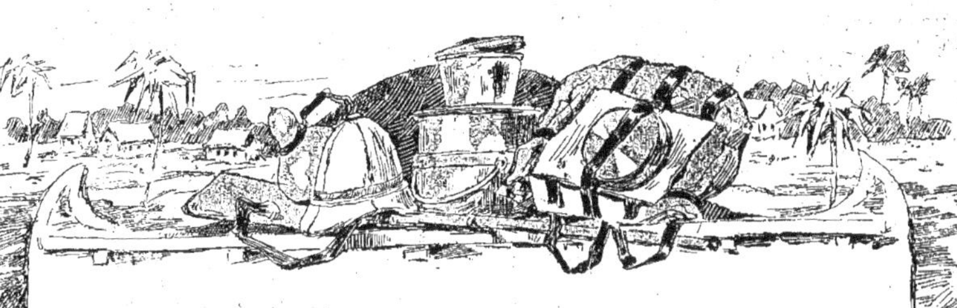

AMAZONES

Une bonne partie de l'armée de Behanzin était composée de femmes. Ces *Amazones* formaient la garde particulière du roi.

Toutes jeunes, assez gentilles, souvent peu vêtues, mais bien équipées, elles se montraient plus braves encore que les hommes qu'elles poussaient et encourageaient, excitées comme eux par l'eau-de-vie qu'ils buvaient tous en abondance.

Vraies furies, durant le combat, elles jetaient des cris effroyables, et résistaient jusqu'à la mort. Leur tir était très juste; on peut attribuer à leurs carabines Winchester la totalité presque absolue des quarante et un officiers morts ou blessés pendant la campagne.

Elles remplissaient en même temps le rôle de guides pour les troupes de Behanzin.

Audience donnée par le roi de Dahomey
aux prisonniers européens.

Les Européens retenus prisonniers par Behanzin sont amenés à Cana à trois heures du matin.

Après avoir traversé de nombreux postes, ils pénètrent dans la cour du trône.

Au milieu de cette cour, éclairée par une seule lanterne, sur un trône recouvert de tentures et entouré de parasols (le parasol est, au Dahomey, un insigne d'honneur), le roi, accompagné de négresses, se trouve debout.

Tous les courtisans, en signe de terreur, sont agenouillés, le front dans la poussière. Les prisonniers seuls ne s'inclinent pas.

La scène est vraiment très imposante. Une longue conversation commence. Puis Behanzin dicte à son interprète une lettre pour M. Carnot.

Il fait ensuite revêtir d'un pagne chacun des Européens, leur offre une collation, et après leur avoir remis quatre pagnes blancs pour le chef des Français, leur rend une liberté désirée depuis longtemps.

CAMPAGNE
DU DAHOMEY
BOMBARDEMENT DE TOVIA
COMBAT DE KOTONOU

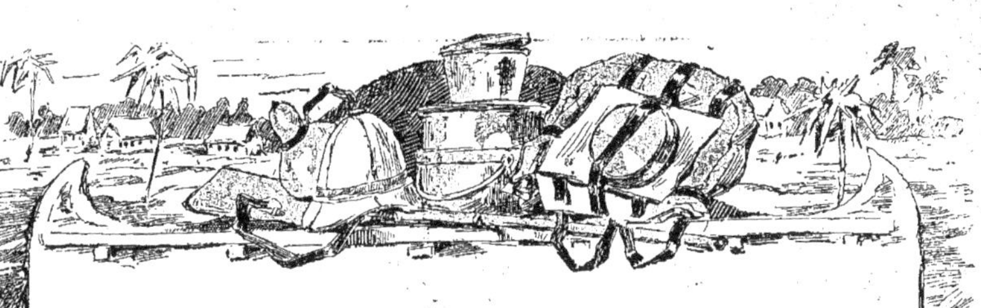

BOMBARDEMENT DE DOYELA

Le 30 juin, une troupe de Dahoméens, avec le concours de villages du pays Dekamé, dépendant du royaume de Porto-Novo, mais ramenés par les nécessités, sous l'influence de Behanzin, est venue attaquer le village de Gomé.

Le colonel Dodds n'a pas voulu laisser l'effervescence se développer dans le nord du royaume de Porto-Novo, et le 3 juillet il a remonté l'Ouémé avec l'*Emeraude* et la *Topaze*, et bombardé les villages de Doyela, Zongué et Mitio.

La faiblesse de hauteur des eaux à cette époque ne pouvait malheureusement pas permettre de continuer cette expédition.

LE ROI TOFFA

Le roi de Porto-Novo, Toffa, était le frère de Glé-Glé, père et prédécesseur de Behanzin, roi de Dahomey.

Fort mal avec son neveu, il est devenu l'allié de la France à laquelle il a fourni 3.000 hommes engagés par lui comme porteurs pour accompagner le corps expéditionnaire.

LE COMBAT DE KOTONOU

Le combat le plus sérieux de la campagne de 1890 fut le combat de Kotonou.

Dans la nuit du 3 au 4 mars, la colonne française, composée de 300 tirailleurs sénégalais, et gabonais se trouvait cantonnée dans les factoreries Régis et Fabre. A la faveur d'une obscurité complète et d'un orage très violent, l'armée de Behanzin prenait silencieusement position à quelques centaines de mètres de nos avant-postes, attendant pour attaquer le premier chant du coq... A quatre heures quarante-cinq, la tornade s'apaisait: le lieutenant Comperat entend tout à coup des rumeurs sourdes; il réveille sa troupe et se met immédiatement en position de défense. Aussitôt une foule immense se dresse à dix pas des palanques, entoure le bastion et veut y pénétrer à l'arme blanche. Comperat fait des prodiges de valeur. Malgré trois blessures mortelles et avec le secours d'un peloton de Sénégalais, il repousse les ennemis non sans en faire un véritable massacre. La plaine est jonchée de cadavres horriblement mutilés.

CAMPAGNE
DU
DAHOMEY

PORTO-NOVO

Porto-Novo est une ville de 25.000 habitants, à laquelle on arrive au moyen de longues pirogues faites avec des arbres creusés. La lagune forme le port. La ville européenne est assez jolie; le tout est entouré d'une végétation superbe.

Les maisons indigènes sont construites en terre argileuse rougeâtre; les rues très étroites et assez sales; de distance en distance se rencontrent de petites places qui servent de marchés. Le climat y est malheureusement peu sain.

LE WARF DE KOTONOU

Kotonou est situé sur une bande de sable qui s'étend entre le canal qui mène au lac Denham et à la mer. Pour permettre l'accès facile de la ville aux voyageurs, qui avaient auparavant une barre fort dangereuse à franchir, on a construit un warf sorte de jetée capable de résister aux plus mauvaises mers et aux raz de marée.

Son extrémité est dans la zone de formation des grosses lames qui viennent se briser à cent mètres du rivage.

Au début de la campagne, on y avait adapté tant bien que mal une échelle en bois et une échelle de corde, et c'est là que les pirogues venaient accoster. Le débarquement des voyageurs était encore difficile et souvent fort long. On installa ensuite des grues puissantes pour le débarquement des marchandises.

COMBAT DE ZOBBO

Une colonne de 300 hommes sortit de Kotonou, sous les ordres du commandant Stephani, pour aller en reconnaissance jusqu'à Zobbo, à l'entrée du lac Denham.

Dès la rencontre de l'ennemi, vers midi, la fusillade commença; d'abord espacée, elle devint plus nourrie et dura jusqu'au soir. Les Dahoméens, cachés dans les fourrés, suivaient la colonne en se dissimulant et en tirant. Leur intention paraissait être de vouloir couper l'arrière-garde et le convoi de vivres. Les Français ne les laissèrent pas réussir; après avoir terminé leur reconnaissance, ils abandonnèrent l'ennemi et rentrèrent à Kotonou. Nous eûmes deux sergents tués et dix tirailleurs indigènes légèrement blessés. Les Dahoméens, qui étaient au nombre de 4.000, essuyèrent des pertes sérieuses.

LE COLONEL DODDS

Le commandant en chef du corps expéditionnaire du Dahomey naquit à Saint-Louis du Sénégal, le 6 février 1842.

Entré à Saint-Cyr en 1862, il en sortit sous-lieutenant dans l'infanterie de marine, et arriva, en 1886, après de nombreuses campagnes, au grade de colonel.

Partout, à la Réunion, à Sedan, aux armées de la Loire et de l'Est, au Sénégal, en Cochinchine, au Touklu et, en dernier lieu, au Dahomey, le colonel Dodds se distingua non seulement par son courage, sa ténacité et la sûreté de ses manœuvres, mais surtout par le soin avec lequel il s'occupait du bien-être de ses troupes. Lui, qui, par ses origines, pouvait supporter très facilement le dur climat du Sénégal et du Bénin, il s'efforçait constamment de prévenir les fatigues de ses soldats. Aussi, tous lui en gardèrent-ils une profonde reconnaissance. Le gouvernement de la République, après la prise de Cana, et en récompense de ses services, le nomma général de brigade.

CAMPAGNE
DU DAHOMEY
UN INTERROGATOIRE
COMBAT DE TAKOU

LE MIRADOR DU FORT DES AMAZONES

Tout autour de la ville de Porto-Novo se trouvaient, pour la protéger contre les incursions des Dahoméens, un mur d'enceinte avec fossés et des forts, parmi lesquels un ouvrage en terre dit fort des Amazones qui balayait entièrement la plaine dans la direction de Vacon. Du haut du mirador, véritable poste d'observation, on pouvait voir s'avancer les envahisseurs et prendre alors contre eux toutes les précautions nécessaires.

Les forts Oudard, Mousset et Toffa, travaux de fortification passagère, construits et entretenus par le service de l'artillerie, complètent la défense de Porto-Novo.

UN INTERROGATOIRE A DANGBO

Le commandant Stéphani, assisté du docteur Thomas, interroge, à l'aide d'un interprète indigène, un prisonnier accroupi et chargé de chaînes.

COMBAT DE TAKON

Après le bombardement du village, le colonel Dodds envoya immédiatement à Takon le premier groupe, commandant Riou.

Des guerriers auxiliaires, les Cadans, pénétrèrent les premiers dans le village incendié. Le combat commença aussitôt, et les Cadans eurent un tué et plusieurs blessés.

Le commandant Riou installa son groupe sans plus tarder au milieu du village. Immédiatement eut lieu une seconde attaque où furent blessés et le commandant Riou et le commandant Lasserre qui au bruit de la fusillade, était venu porter secours à son compagnon d'armes.

Après la prise de Takon, le colonel Dodds se dirigea avec une partie de ses forces sur Saketé. L'ennemi avait évacué tout le pays et s'était enfui vers le nord.

Nos troupes reçurent partout un excellent accueil des habitants de la région.

COMT TAURAX
CAMPAGNE
DU DAHOMEY
BATAILLE DE DOGBA

LE COMMANDANT FAURAX

Le vaillant officier blessé grièvement au combat de Dogba et qui mourut le lendemain des suites de sa blessure, commandait le bataillon de la légion étrangère envoyé au Dahomey. Engagé volontaire en 1870, il avait conquis ses grades sur les champs de bataille, notamment au Tonkin, où il fit un très long séjour. A son retour d'Extrême-Orient, il obtint de passer au 98° de ligne, en garnison à Lyon, afin de se rapprocher de sa famille.

Mais dès qu'il apprit qu'une campagne s'organisait contre le Dahomey, il réclama l'honneur d'y prendre part. Sa demande fut agréée. Il entra alors au 1er régiment de la légion étrangère à Sidi-Bel-Abbès et contribua à l'organisation du bataillon formé avec les meilleurs éléments des régiments de la légion. Parti sur le *Mytho*, au commencement d'août, il venait de rejoindre l'avant-garde du corps expéditionnaire quand une balle ennemie termina brusquement une carrière qui s'annonçait si belle.

LA BATAILLE DE DOGBA

Le colonel Dodds était arrivé à Dogba le 1er septembre 1892 après avoir fait de nombreuses reconnaissances.

Il allait continuer son mouvement sur Oboa, lorsque le 19, à cinq heures du matin, il fut attaqué par plus de 4.000 Dahoméens qui venant de l'est avaient traversé l'Ouémé à Tohoué.

Après une lutte acharnée, l'ennemi commandé par Géo-Béo, frère du roi, se retira à neuf heures du matin, laissant un très grand nombre de cadavres sur le terrain.

L'ennemi perdit un tiers de son effectif. De notre côté nous eûmes 5 tués, dont le commandant Faurax et le sous-lieutenant Badaire, et 14 blessés, 10 Européens et 4 indigènes. Après ce combat le colonel Dodds continua sa marche en avant et franchit l'Ouémé dès qu'il eut été rejoint par sa cavalerie.

L'EMPALÉ D'ADJANA

Un habitant de Porto-Novo avait trouvé un ingénieux moyen de s'enrichir. Avec les marques de la plus grande frayeur il se présentait dans les villages en criant :

Les Dahoméens ! les Dahoméens !

Pendant que chacun s'empressait de fuir, le rusé larron, assisté de quelques compagnons de son espèce, dévalisait les habitations. Il paya cher son trop grand amour des richesses. Le roi Toffa, notre allié, le fit prendre, puis empaler sur la route de Porto-Novo à Adjana.

CAMPAGNE
DU DAHOMEY
BÉHANZIN ET SES FÉTICHEURS

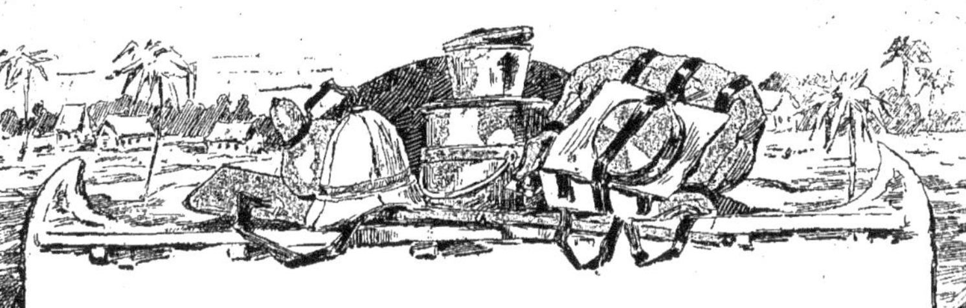

L'ESCADRE DEVANT KOTONOU

A la nouvelle des intentions hostiles du roi de Dahomey, Behanzin, la France envoya devant Kotonou une escadre, composée des croiseurs *Sané* et *Talisman*, des avisos *Héron*, *Ardent*, et *Brandon*, et des chaloupes canonnières l'*Opale*, l'*Emeraude*, la *Topaze*. Cette escadre avait, en plus de sa mission de protection, celle de mettre en état de blocus, à dater du 15 juin 1892, la partie de la côte des Esclaves comprise entre la limite des possessions françaises et allemandes des Popos et la limite orientale des possessions françaises de Porto-Novo et d'empêcher ainsi l'importation des armes et des munitions.

CRÉMATION DES CADAVRES DAHOMÉENS

Les cadavres des Dahoméens étaient si nombreux après chaque combat que pour éviter la putréfaction des corps, le colonel Dodds les faisait brûler. C'étaient les nègres du roi Toffa notre allié, que le colonel chargeait de ce soin.

Ces derniers accomplissaient, d'ailleurs, leur besogne avec un certain enthousiasme et une assez grande rapidité.

Ils tiraient les Dahoméens morts par les pieds, amoncelaient les corps sur des tas de branchages, les enduisaient de pétrole et y mettaient le feu.

Cela produisait une fumée épaisse et répandait, souvent fort loin, une âcre odeur de chair grillée. Détail curieux; après leur mort, la peau des Dahoméens s'écaille et devient moins noire.

BÉHANZIN ET SES FÉTICHEURS

Chez tous les peuples de l'Afrique centrale, les féticheurs ou prêtres des idoles jouissent d'une fort grande autorité.

Les rois et chefs sont très souvent contraints de subir leur ascendant. Les conseils qu'ils leur donnent deviennent pour eux de véritables ordres.

Behanzin lui-même, malgré son caractère indépendant et son immense orgueil, fut forcé de s'incliner devant leur volonté.

Les féticheurs, craignant de sa part une faiblesse — que les événements, d'ailleurs, n'ont pas permis de constater — l'obligèrent à prêter, devant l'idole de guerre, le serment de résister jusqu'à la dernière extrémité.

Il eût payé de sa vie un manquement à ce serment.

CAMPAGNE
DU DAHOMEY
TIRAILLEUR SÉNÉGALAIS
LE PORT D'AHOUAX
HINDOUC D'ANVIT L'EMBARQUEMENT

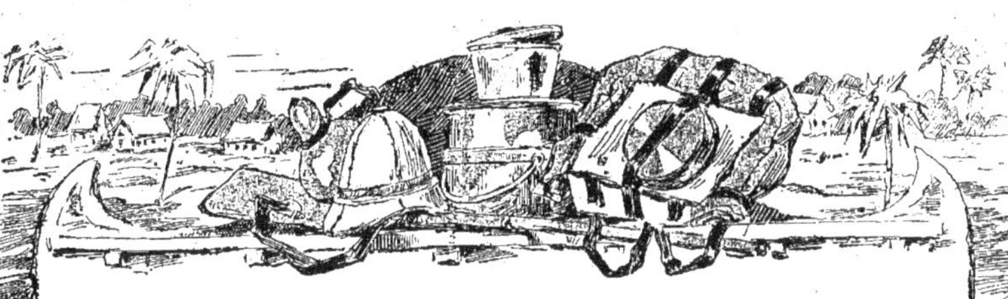

LES TIRAILLEURS SÉNÉGALAIS

Pour combattre dans ses colonies ou dans les pays situés hors d'Europe, la France emploie, de préférence, des troupes déjà préparées par une longue endurance aux températures qu'elles seront obligées de supporter. Elle utilise également les contingents coloniaux qui, eux surtout, sont aptes à résister aux climats souvent malsains des contrées, théâtres de la guerre.

C'est ainsi que pour cette campagne du Dahomey, elle a fait appel aux troupes levées dans une de ses colonies africaines, le Sénégal.

Pour les habitants de cette colonie, la guerre est véritablement l'état normal. Aussi le colonel Dodds a-t-il voulu tirer parti de cette ardeur belliqueuse : il a fait venir du Sénégal une compagnie de *tirailleurs*, bien organisés, bien disciplinés, et trois autres compagnies de *volontaires*, d'environ 400 hommes chacune, d'ailleurs bien inférieures en valeur à la première.

Bien que les Sénégalais soient d'excellents soldats, ils ont toujours besoin d'être entraînés par les officiers et sous-officiers du cadre européen. Leur tenue devant l'ennemi dépend tout particulièrement de l'attitude de leurs chefs. Mais tels sont le courage et l'abnégation qui animent notre corps d'officiers que les commandants des troupes sont toujours embarrassés de faire un choix parmi les nombreux candidats qui se présentent pour faire campagne.

LE FORT FAURAX

A Dogba, à l'endroit où le 19 septembre 1892 s'était livré le combat dans lequel le brave commandant Faurax, de la légion étrangère, avait trouvé la mort, les Français établirent un fort, qui devint dans la suite un point de ravitaillement pour la colonne, avec ambulance et pont flottant d'artillerie.

Deux compagnies défendaient ce fort.

BIVOUAC FANVIÉ

La présence de nos forces sur l'Ouémé à la hauteur de Fanvié, se produisant après la prise de Takon et la démonstration sur Sakété, détermina l'évacuation sans coup férir du camp retranché de Bekandja où les Dahoméens avaient des troupes armées de 1.000 fusils à tir rapide et de 2.000 fusils de traite.

C'est du bivouac de Fanvié que partirent, sur Poguessa, puis sur Cana et Abomey, les belles troupes de la légion étrangère que le général Dodds se montra par la suite si fier de commander.

LE LIEUTENANT DE FAISIGNY A TOHOUÉ

Voici dans quels termes M. de Faisigny, lieutenant de vaisseau et commandant de la flotille de l'Ouémé, raconte, dans son rapport au colonel Dodds, l'engagement que les canonnières ont soutenu avec les Dahoméens. le 28 septembre 1892, dans la reconnaissance qui a précédé le passage de la colonne sur la rive droite de l'Ouémé :

« Vos ordres, dit M. de Faisigny, me prescrivaient de reconnaître Tohoué et de revenir. Je pris le devant, à petite vitesse, avec le *Corail*, attendant l'*Opale* qui, venant d'arriver, n'avait pu appareiller avant de s'etre déchargée.

« Elle me rejoignit près de Bédé et nous fimes route en ligne de file, à 300 mètres environ de distance. Au moment précis où j'arrivai devant l'ennemi, nous reçûmes sur la rive droite, une première salve suivie d'un feu très nourri. Les hommes étaient, depuis le départ aux postes de combat, la riposte fut immédiate, mais il ne m'était pas possible de me retourner sous un feu pareil. Je continuai donc ma route jusqu'au coude de Tohoué. L'ennemi était rangé, à droite et à gauche de la rivière, sur un espace de un kilomètre et demi environ et armé d'artillerie. D'après les traces d'obus que j'ai à bord, je pense qu'il y avait des pièces de deux calibres, dont l'un sensiblement pareil à celui de 4.

« Au coude de Tohoué, je me décidai à virer de bord, le but de ma reconnaissance étant rempli. Je mouillai dans le coude pour laisser à l'*Opale*, qui se trouvait derrière moi, le temps de faire son évolution et de me dégager le terrain. Dès qu'elle eut viré, j'ai appareillé et nous avons commencé la descente.

« Au mouillage et pendant l'évolution, nous avons dû combattre les gens établis à Tohoué. A la descente, nous avons repassé devant la ligne des feux qui nous ont poursuivis plus bas que le point où s'est produite l'attaque, car, au village de Bédé, j'ai eu un légionnaire tué d'une balle dans la tête. En cette affaire j'ai eu un homme tué et quatre blessés dont un assez sérieusement. »

M. de Faisigny signale la conduite de l'équipage, des canonniers, du détachement de légionnaires qui était à bord et d'un journaliste qui a fait le coup de feu comme tout le monde.

En passant l'inspection des bâtiments, on a trouvé le long du bord quatre renfoncements provenant d'obus divers et les traces de 100 à 150 balles. Le combat a duré une heure, toutes les pièces tirant.

PASSAGE DE L'OUÉMÉ

Après le combat de Tohoué, le colonel Dodds se décida à faire traverser l'Ouémé à nos troupes.

Dans le haut du pays, les Dahoméens nous attendaient à un gué. Leurs prévisions furent trompées. Nous avons passé le fleuve sur des pirogues, le 20 octobre au-dessous de Tohoué. A cet endroit, l'Ouémé a une largeur de 25 à 30 mètres. Les berges dominaient d'un mètre environ le fleuve, qui était au moment de sa crue. Pendant le passage, les soldats, usant de la permission accordée par leurs chefs, s'amusaient à prendre pour cible des crocodiles qu'on apercevait au bord de l'eau. Les balles ricochaient et les monstres restaient, pour la plupart, insensibles aux coups de feu.

CAMPAGNE
DU DAHOMEY

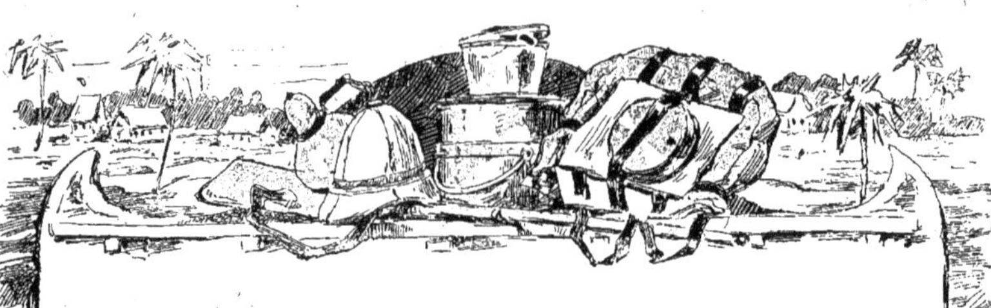

LE FORT DES AMAZONES

Le fort des Amazones est un de ceux qui défendent la ville de Porto-Novo.
Il est constru t sur le plateau des Amazones où fut passée la revue des troupes
expéditionnaires avant leur entrée en campagne.
Au milieu de ce fort se trouve le mirador, poste d'observation, d'où il est possible
d'apercevoir tout ce qui se passe dans la plaine environnante.

L'INFANTERIE DE MARINE

Les soldats de l'infanterie de marine, comme leurs camarades de la légion étrangère. du génie et des spahis qui ont fait la campagne du Dahomey, n'ont pas conservé
l'habillement qui est réglementaire dans les ports ou les garnisons de la métropole.
On leur a remis, comme aux autres troupes d'ailleurs, non seulement le casque
blanc, mais le jeu complet des vêtements coloniaux en usage savoir : pantalon de
flanelle, paletot de molleton, paletot cachou et bourgeron.
Ils ont pu ainsi supporter plus facilement les chaleurs excessives dont ils étaient
accablés.

BATAILLE DE POGUESSA

Après le passage de l'Ouémé nous voici, les 2 et 3 octobre 1892, marchant vers
Poguessa. La route que nous suivions était défoncée par les roues des caissons de
l'ennemi que nous pouvions ainsi suivre à la trace. Le 4, un premier combat d'avant
garde se livre entre les Dahoméens et une vingtaine de spahis qui avaient été envoyés
en reconnaissance. Les voilà partis au galop, et ils tombent bientôt à 25 mètres de
l'ennemi qui possède là trois canons Krupp.
Un engagement a lieu, et le maréchal des logis des spahis, un superbe Sénéga'ais,
tombe blessé, du haut de sa selle. Les spahis tournent bride, abandonnant le corps du
maréchal des logis. On le retrouve, le lendemain, horriblement mutilé. Les spahis se
replient en toute hâte du côté des 250 légionnaires qui, après quelques coups de feu, se
retirent vers le gros de l'armée. La reconnaissance était terminée.
Le lendemain, 4 octobre, toute la colonne marche à l'ennemi. Dans ce combat
nous avons rencontré les premières amazones; cinquante d'entre elles sont venues
tomber dans la ligne des feux.
Pour repousser les assaillants évalués à une dizaine de mille, toutes les troupes
ont eu à déployer beaucoup de vigueur et de courage.
Quelques exemples à l'appui :
Un clairon qui sonnait la charge est atteint d'un coup de feu. Il poursuit sa route
et va s'appuyer contre un arbre. Malgré sa blessure, il refuse d'obéir au capitaine qui
veut l'empêcher de continuer à sonner. On est obligé de l'emporter de force hors du
champ de bataille.
Un tirailleur sénégalais a l'œil droit crevé par une balle tirée à bout portant. Il
tombe à terre, mais avant de s'évanouir il a, encore l'énergie d'envoyer quinze car-
touches, toute la provision qu'il avait sur lui.
Que ne pouvait-on obtenir avec de telles troupes? Aussi le général Dodds publiait-
il, en parlant d'elles, « qu'il n'avait jamais eu l'honneur de commander à de plus admi-
rables soldats ».

CAMPAGNE
DU DAHOMEY
PORT DES AMAZONES
INFANTERIE DE MARINE
BATAILLE DE POGUESSA

HUTTE DAHOMÉENNE

Les noirs vivent dans des cases groupées en village, grossièrement faites, basses et sans la moindre aération; leurs formes sont cylindriques, surmontées d'un toit en cône; quelques-unes ont la partie cylindrique formée de pieux et de branches recouvertes de terre argileuse; tout le reste est en paille.

Là dedans grouillent hommes, femmes, enfants, voire même certains animaux domestiques; on y couche, on y fait la cuisine, on y mange, tout cela dans un espace restreint et non aéré; les odeurs s'y accumulent, s'y concentrent.

En dehors des nattes sur lesquelles ils couchent, du misérable coffre en bois dans lequel ils ramassent les vêtements et de leurs calebasses qui, on peut le dire, servent à tous les usages, la case est complètement nue; le sol est aplati et uni, un espace vide plus ou moins grand est réservé devant l'entrée: quelquefois même un petit jardin y est attenant.

Tous les villages sont généralement d'une saleté repoussante; ils n'offrent aucune symétrie, les cases sont construites les unes près des autres, se touchant même quelquefois, sans ordre; de petites ruelles étroites, malpropres, où se répandent les odeurs des cases, permettent de circuler d'un endroit à l'autre du village, en faisant mille tours et détours.

INCENDIE DE POGUESSA

Le 6 octobre 1892, à trois heures quinze du soir, une reconnaissance, conduite par le commandant Gonard, fut attaquée par un très fort parti de Dahoméens.

Elle reçut le choc de l'ennemi avec une très grande vigueur, enraya promptement son mouvement offensif et se porta ensuite, après avoir été renforcée, contre des positions dahoméennes fortement organisées en arrière de la rivière de Poguessa, position défendant le passage du pont jeté sur ce cours d'eau.

Grâce à une action par les feux méthodiquement conduite et à une charge à la baïonnette des plus brillantes, le pont fut enlevé à la nuit tombante, et tout le corps expéditionnaire franchit la rivière de Poguessa et pénétra dans le village que nos troupes incendièrent.

COMBAT DU COTO

Après la prise et l'incendie de Poguessa, le colonel Dodds se dirigea vers Akpa à travers les herbes et sur un terrain où la végétation était plus clairsemée.

Dans cette partie du Dahomey, le corps expéditionnaire eut à souffrir de toutes façons.

Mais ce qui aggravait singulièrement la situation, c'était le manque d'eau. Plusieurs buvaient leur urine. On ne trouvait dans la brousse qu'une boue infecte, ou bien il fallait se contenter le matin, au petit jour, d'arracher les feuilles et les herbes, humides de rosée et de les sucer pour en avoir un peu de rafraîchissement. Quelques-uns vendaient leur eau à raison de 5 francs le quart.

Les officiers ne tenaient plus les troupes africaines dans la main. « Pas d'eau, pas marcher », disaient-elles. dans leur idiome.

Heureusement une tornade épouvantable éclata providentiellement. Hommes, sous-officiers, officiers, tout le monde tendit sa gamelle. Puis les marmites de campement et tous les autres récipients disponibles furent ensuite remplis.

Grâce à cette pluie bienfaisante, on put amener les troupes jusqu'aux sources du Coto autour desquelles d'ailleurs, les Dahoméens faisaient bonne garde. Elles se jetèrent avec furie sur l'ennemi, baïonnette au canon, et après un combat terrible durant lequel les unes faisant le coup de feu, les autres étaient à la recherche de l'eau, la position fut enlevée. Inutile d'insister sur la façon dont les Français célébrèrent ce succès.

CAMPAGNE
DU DAHOMEY
HUTTE
COMBAT DU COTO

M. BALLOT, LIEUTENANT-GOUVERNEUR

M. Ballot était au début de la campagne du Dahomey, dans les premiers jours de mars 1892, le lieutenant-gouverneur des établissements du Bénin. Sur lui retombait alors tout le poids des événements. Il montra beaucoup de sang-froid et d'initiative.

A la mort de Glé-Glé, père de Behanzin, il eut à traiter, à Wydah, avec ce dernier, qui l'accabla des plus belles protestations d'amitié.

Quelque temps après, l'astucieux monarque attaquait les villages du royaume de Porto-Novo, placé sous le protectorat français. M. Ballot dut alors partir sur la Topaze pour se rendre compte de la situation ; il fut reçu à coups de fusil.

C'est à lui également, qu'au mois d'avril suivant, Behanzin adressa une lettre des plus insolentes dans laquelle il disait en résumé : « Je ne suis jamais allé en France faire la guerre et je vois avec peine que la France m'empêche de la faire contre un pays africain. Cela ne la regarde pas. Si vous n'êtes pas contents, vous pouvez faire ce que vous voudrez : moi, je suis prêt. »

M. Ballot d'abord, le colonel Dodds ensuite, devaient lui montrer d'une façon désagréable pour lui que la France, elle aussi, était prête.

Pendant la campagne de 1892, M. Ballot, resté sur la côte, à Porto-Novo et à Kotonou, assura le ravitaillement de la colonne expéditionnaire et contribua ainsi au succès de celle-ci.

A son retour à Kotonou, le général Dodds devait rendre hommage aux services éminents du lieutenant-gouverneur et le remercier au nom de toute son armée.

PARC D'APPROVISIONNEMENT DE KÉSOUNOU

Une des grandes difficultés qu'eut à vaincre le colonel Dodds, dans sa campagne contre Béhanzin, fut d'assurer le ravitaillement de ses troupes, tant en vivres qu'en munitions, à travers un pays où, trop souvent, il fallait se frayer une route à l'aide de la hache et du sabre d'abatis.

Cette difficulté s'augmentait d'autant plus qu'il s'éloignait davantage de son point de départ.

Il dut établir, sur l'Ouémé, à Késounou, à 25 kilomètres de Porto-Novo, un parc d'approvisionnements d'où partaient ensuite les pirogues et les chalands remorqués par les canonnières et les chaloupes à vapeur.

TRANCHÉE DAHOMÉENNE ENLEVÉE A LA BAIONNETTE
PRISE DE CANA

Après la prise des sources du Koto, les 26 et 27 octobre 1892, et l'enlèvement à la baïonnette des défenses de la rivière, le colonel Dodds marcha sur Cana.

Les lignes de Kotopa furent prises malgré une défense énergique des troupes de Behanzin qui avaient cependant une peur épouvantable de la charge à la baïonnette, surtout quand elle était accomplie par les troupes européennes et, le 31, la colonne qui avait débusqué les Dahoméens des fortifications élevées en avant de Cana, se trouvait à petite distance de la « ville sainte ». Bien que nos troupes fussent très fatiguées par ces combats incessants, le commandant en chef prit ses dispositions pour occuper Cana.

Les 2, 3 et 4 novembre, les réduits fortifiés construits autour de Cana étaient occupés de vive force ; le 2 on enlevait le fort de Muako, à l'est de la ville ; le 4, c'était le village de Diouxoué qui tombait entre nos mains, et, le 6, la colonne entrait dans la ville que les Dahoméens venaient d'évacuer.

C'est à la suite de ces faits d'armes que le colonel Dodds fut nommé général.

CAMPAGNE
DU DAHOMEY

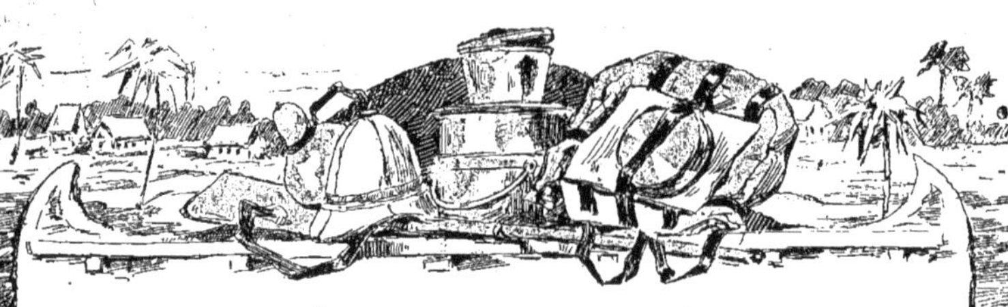

CANA. — GRANDE CASE ROYALE

Cana est la ville sainte du Dahomey, la résidence d'été de Behanzin.

Les murs des habitations y sont construits en terre rouge ferrugineuse qu'on rencontre partout dans le pays. Ces murs sont d'une solidité à toute épreuve. Notre artillerie n'a jamais pu les entamer.

Le palais du roi occupe un tiers de la ville. Ce palais se compose d'une agglomération de grandes cases enserrées dans un mur d'enceinte d'une très grande hauteur.

La grande case royale est située au milieu du palais. Les murs en sont décorés de bas-reliefs célébrant la gloire des rois du Dahomey.

TOMBEAUX DE LA FAMILLE ROYALE

Dans une des cours du palais du roi à Cana, se trouvent les tombeaux de la famille royale. Chaque tombeau est surmonté d'un autel en forme conique dont la partie supérieure est à ciel ouvert.

Dès qu'un roi de Dahomey est mort, on lui érige un cénotaphe au milieu duquel se dresse un cercueil en terre pétrie dans le sang d'une centaine de captifs sacrifiés pour servir, dans l'autre monde, de garde au souverain.

Le corps du défunt est placé dans le cercueil, la tête sur les crânes des rois qu'il a vaincus. Dans le cénotaphe, on entasse le plus d'ossements possible, puis on y fait entrer huit danseuses de la cour, et cinquante soldats.

Ces victimes des deux sexes s'offrent volontairement en sacrifice aux mânes du roi mort, elles considèrent comme un honneur d'accompagner leur souverain dans le royaume des ombres.

Après la proclamation du prince héritier comme roi, — proclamation qui n'a lieu que dix-huit mois après la mort du roi précédent — les massacres recommencent. Des milliers de victimes humaines, destinées à porter au feu roi la nouvelle du couronnement de son successeur, sont immolées, pendant qu'avec de l'argile pétrie encore dans le sang des victimes, on modèle un grand vase, de forme bizarre, dans lequel le crâne et les os du feu roi sont définitivement enfermés et scellés.

ATTAQUE DES CONVOIS

La marche en avant du corps expéditionnaire fut souvent ralentie, surtout dans la partie du pays où il fallait se faire un chemin à l'aide de la hache et du sabre d'abatis, par l'obligation dans laquelle il se trouvait d'attendre l'arrivée des colonnes de ravitaillement envoyées de la côte. Ces colonnes, composées de porteurs, escortées par 150 à 200 soldats, ramenaient ensuite les malades et les blessés sur les ambulances de Porto-Novo.

Elles eurent plusieurs fois à repousser les attaques de l'ennemi, qui essayait ainsi d'empêcher les vivres et les munitions de parvenir au camp français.

CAMPAGNE
GANA. — TOMBEAUX DE LA FAMILLE ROYALE
CANA GRANDE CASE ROYALE
DU DAHOMEY
ATTAQUE D'UN CONVOI

LE GRAND-POPO

Avant l'expédit'on du Dahomey, Grand-Popo était, avec Porto-Novo, Petit-Popo, Agoué, Whydah, Kotonou, un des comptoirs de la Côte-d'Or voisins de Grand-Bassam et d'Assinie, sur lesquels la France avait étendu son protectorat et où nous pouvions commercer librement en vertu d'anciens traités.

CASE DES SACRIFICES

Cette case des sacrifices est située en dehors du palais de Cana. Dans l'intérieur, se trouve un grand bassin en pierre où les féticheurs recueillent le sang des malheureux captifs égorgés. Le sol est pavé de crânes; une coupe et une jarre pleines de sang sont placées devant ce lugubre dallage. C'est là qu'au retour des expéditions guerrières, et surtout à l'époque de la Grande-Coutume, les rois de Dahomey faisaient massacrer des centaines de victimes.

La fête de la *Grande-Coutume*, raconte un voyageur, se célèbre dans des circonstances graves, mais elle ne prend son entier et épouvantable développement qu'à la mort du roi. Après le couronnement de son successeur, la fête commence.

Le matin, au point du jour, cent hommes et cent femmes sont mis à mort dans l'intérieur du palais. Le nouveau roi sort de sa demeure au bruit de la mousqueterie, et quatre-vingt-dix officiers, cent vingt princes ou princesses viennent le saluer en lui offrant chacun quatre esclaves destinés aux sacrifices, puis des bœufs, des moutons, des chèvres, de l'argent, du rhum. Le roi se rend ensuite au sépulcre royal, dans lequel on ensevelit soixante hommes vivants, cinquante moutons, cinquante chèvres, quarante coqs et une grande quantité de cauris (monnaie du pays). Il se dirige vers son palais, dont il fait le tour; arrivé devant la porte, on met à mort, en sa présence et en son honneur, cinquante esclaves. Cette hécatombe faite, le monarque s'établit sur une haute plate-forme construite devant son palais. De là, il adresse à son peuple un prêche de guerre, lui promettant beaucoup d'esclaves, et fait distribuer des cauris, des vêtements, du rhum. Vis-à-vis de la plate-forme sont alignées des rangées de têtes humaines, fraîches, saignantes. On apporte vingt-quatre mannes ou corbeilles contenant chacune un homme vivant dont la tête seule sort. On aligne ces corbeilles devant le roi, puis elles sont précipitées sur le sol de la place, où une multitude ivre de sang se dispute les victimes. Tout Dahoméen assez favorisé pour saisir une victime et lui scier le cou peut aller échanger, à l'instant même, ce trophée contre une filière de cauris (environ 2 fr. 50). Le roi ne se retire que lorsque la dernière victime est décapitée.

Pendant dix jours, il y a suspension de massacres pour recommencer le dernier jour de la *Grande-Coutume*.

PLACE ROYALE D'ABOMEY

Abomey aurait dû être sérieusement défendue par Behanzin. Après la prise de Cana, les Français y entrèrent cependant sans coup férir, le roi nègre l'ayant abandonné avec ses troupes, non toutefois sans avoir mis le feu à son palais et aux maisons de ses grands chefs.

La ville est donc occupée. Le drapeau français flotte sur le palais du roi. Les faisceaux sont formés, les tentes construites. Chacun prend un repos bien mérité. Les officiers, couchés dans des hamacs, portés par des nègres, vont examiner les différents points de la ville où se trouvent campées les troupes.

Le général Dodds et le gouverneur, M. Ballot, vont pouvoir enfin s'occuper de l'organisation du Dahomey.

CAMPAGNE
DU DAHOMEY
VUE DE GRAND POPO
CASES DES SACRIFICES
PLACE ROYALE D'ABOMEY

LES POSTES DE POLICE

Dans tous les villages occupés par les Français, le colonel Dodds avait soin d'établir des postes de police destinés à protéger nos troupes contre les surprises d'un astucieux ennemi.

Les Dahoméens nous ont en effet montré maintes fois qu'ils étaient de rudes guerriers. Ils ne craignaient pas de venir, en brandissant leur casse-tête, se faire tuer à quelques pas de nos rangs. Les bons tireurs montaient dans les arbres et visaient les officiers; d'autres se cachaient dans des trous creusés à quelques mètres des routes et tiraient leurs coups de fusil à bout portant.

Aussi les précautions, avec des adversaires semblables, n'étaient nullement superflues.

RÉSIDENCE DU COMMANDANT SUPÉRIEUR A PORTO-NOVO

Avant la campagne de 1892, Porto-Novo et plusieurs autres villes du littoral de la Côte-d'Or se trouvaient déjà sous le protectorat français.

Nos commerçants pouvaient librement y faire leurs expéditions de marchandises.

Le commandant supérieur des troupes, qui y avait sa résidence, eut plusieurs fois, au commencement de l'année, à repousser les incursions des soldats de Behanzin qui envahissaient les villages placés sous notre protection.

INCENDIE D'ABOMEY

Le « Versailles du Dahomey », la ville sainte de Cana, une fois prise, le général Dodds n'avait plus qu'à s'emparer d'Abomey, la capitale du pays, où Behanzin avait concentré les débris de son armée.

Mais ne voulant pas exiger de ses troupes, toujours valeureuses, mais surmenées par dix jours de combats incessants, un effort qui aurait pu être très meurtrier, il se cantonna devant Abomey, attendant les renforts dont le ministre de la marine lui avait annoncé le départ du Sénégal.

Ces renforts arrivèrent le mardi 15 novembre 1892.

Certain que Behanzin ne voulait pas traiter sincèrement, les garanties préliminaires réclamées par nous n'ayant pas été consenties totalement, le général, sûr du succès, forma ses colonnes d'attaque contre la capitale.

Le 16, nos troupes tournèrent les défenses accumulées contre le palais de Goho et menacèrent le flanc droit et les derrières de l'ennemi. Ce mouvement provoqua la retraite de Behanzin qui en se retirant brûla tous ses palais, ainsi que les maisons des princes et des chefs, afin de les forcer à le suivre.

CAMPAGNE
DU DAHOMEY

WYDAH

Wydah est, avec Abomey et Allada, un des trois centres de la vie politique du Dahomey. C'en est certainement la métropole commerciale.

Avant l'expédition du colonel Dodds, c'était un des points de la Côte-d'Or, voisins de Grand-Bassam et d'Assinie, sur lesquels la France avait étendu son protectorat et où nous pouvions, en vertu d'anciens traités, échanger nos marchandises librement.

PALAIS D'ABOMEY

Avant d'abandonner Abomey, sûr de ne pouvoir le défendre contre les Français, Behanzin brûla tous ses palais ainsi que les maisons des princes et des chefs, pour les obliger à le suivre dans sa retraite.

Le 17 novembre 1892, la colonne entra dans Abomey et prit possession de ce qui restait du grand palais sur lequel flottèrent les couleurs nationales.

Behanzin, fuyant devant nos reconnaissances, se retira avec les débris de son armée à trois jours de marche au nord d'Abomey.

OCCUPATION DE WYDAH

Le 2 décembre 1892, une colonne française commandée par le capitaine de frégate Marquer, et composée de fusiliers marins, d'un détachement d'infanterie de marine et de tirailleurs sénégalais, a occupé Wydah sans coup férir. Le drapeau tricolore a été arboré sur l'ancien fort français et a été salué de vingt et un coups de canon. Cette occupation qui, au début de la campagne, aurait été une opération des plus sérieuses par suite des travaux de défense élevés par les Dahoméens, a été d'autant plus facile qu'elle s'est effectuée à revers et sous la protection des canons de nos navires.

On a trouvé à Wydah une ancienne mitrailleuse française et un canon Krupp.

Depuis l'occupation, une ligne télégraphique relie cette ville à Kotonou.

CAMPAGNE
DU DAHOMEY
PALAIS D'ABOMEY
WYDAH
OCCUPATION DE WYDAH

Imprimé sur machine rotative Paul AUGUSTE-GODCHAUX
10, Rue de la Douane. — Paris.